COMITÉ

MM. COTE-BLATIN, *Président* du Syndicat départemental agricole du Puy-de-Dôme ;

POISSON, *Président* de la Chambre syndicale de la Meunerie du Puy-de-Dôme ;

DESANGE, *Trésorier* du Syndicat départemental agricole ;

COUDERT, *Secrétaire* de la Chambre syndicale de la Meunerie.

ÉTUDE

D'UNE

MODIFICATION AU RÉGIME DOUANIER ACTUEL

SOUS LE PATRONAGE

Des Sénateurs, des Députés, du Conseil général, des Chambres de Commerce, du Syndicat départemental agricole et du Syndicat de la Meunerie du Département du Puy-de-Dôme.

Système douanier accepté à l'*unanimité* par l'Assemblée Nationale de la Meunerie française érigée en Congrès à Paris, le 3 octobre 1894.

L'*Économie politique* définit comme suit les périodes prospères ou critiques des sociétés :

« Les périodes de prospérité sont celles pendant lesquelles un équilibre convenable se maintient entre les forces économiques. Dès que cet équilibre est rompu, on entre dans une phase de difficultés que l'on appelle une *crise*. »

En face des deux définitions qui précèdent, il me semble voir tomber des lèvres de tous ceux qui s'intéressent à cette question ces mots : « Nous

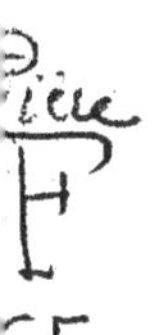

sommes bien actuellement dans une période de crise, car tout équilibre est rompu entre les forces économiques. »

Il n'y a plus de rapport direct et constant entre la valeur de la propriété et du capital, entre la valeur de la main-d'œuvre et du travail produit. Aussi voit-on notre agriculture souffrir et se décourager, nos industries péricliter et insensiblement passer de nos mains aux mains des étrangers.

Afin de remédier au mal qui nous ronge et de trouver le remède, il serait bon de rechercher quelles sont les causes et quels sont les hommes qui ont ainsi faussé la situation économique de notre pays.

A mon avis, tous les membres qui composent notre société ont leur part de responsabilité : La grosse majorité est coupable d'insouciance et la minorité, infime il est vrai, mais qui n'en est pas moins dangereuse est coupable de spéculation. Or, j'entends englober dans le terme de spéculateur les hommes de toutes les religions, chez qui l'insouciance de la majorité fait place à un esprit de décision, actif, intelligent, raisonné, méthodique, constant dans le but comme dans les moyens; s'accrochant à toutes les branches, comme le ferait une pieuvre dont chaque ventouse s'attaquerait à un membre d'un même être afin de lui ravir plus rapidement et plus complètement la totalité de son sang.

C'est là l'œuvre entreprise par ces spéculateurs auprès de la France.

Cette question fournirait le sujet d'un vaste thème à un économiste consommé. Là n'est pas mon but; je me bornerai ici à rechercher les causes et les moyens de remédier à la crise qui étreint les producteurs de blés français et des industries qui s'y rattachent dans leur rapport avec le régime douanier.

Permettez-moi cependant de faire remarquer en passant que le raisonnement qui va suivre est applicable, sauf des modifications de détail, à toutes les matières premières de l'industrie soumises au même régime douanier.

Avant de rechercher le remède, permettez-moi de jeter un coup d'œil rapide sur la situation actuelle et sur ses causes. Nous pourrons mieux ensuite comparer entre eux les différents systèmes douaniers préconisés et enfin celui que nous proposons et qui seul, selon nous, pourra conjurer complètement le danger qui nous menace.

Un principe fondamental d'économie politique qui me semble irréfutable domine tout notre sujet, c'est le suivant :

« Pour qu'un régime social soit légitime, il faut que tout en ne méconnaissant aucun droit il établisse, tout à la fois, entre les individus, l'égalité des droits et assure les nécessités de la vie sociale. »

Sans entrer dans des considérations d'économie politique d'ordre supérieur, sans vouloir prendre parti pour l'un ou l'autre des deux camps qui ont de tout temps divisé nos économistes, qu'il me soit permis cependant de dire qu'en présence de ce principe, la théorie du libre-échange semble concilier la généralité des intérêts; non-seulement les forces humaines, mais encore une force d'essence supérieure émanant de la nature elle-même président à ce système. N'est-ce pas le seul régime qui, tout en laissant libre cours à l'initiative des particuliers, qui obéissent eux-mêmes aux lois économiques naturelles (lois de la concurrence, lois de l'offre et de la demande, etc., etc.), active la production et la circulation, excite l'esprit d'invention, tempère la prodigalité et l'avarice ?

Oui, je ne crains pas de le dire, la première puissance qui a rompu l'équilibre économique en se protégeant a été réellement coupable; elle a avoué, par là même, son infériorité sur ses voisines, mais aussi, et surtout, elle a obligé toutes les autres puissances à se protéger à leur tour. Si donc nous subissons en France le protectionnisme, c'est qu'il nous a été imposé par suite de l'équilibre à maintenir entre la situation économique de notre pays et celle des autres puissances. En un mot, nous avons été et nous sommes contraints de nous protéger. *Ce qui nous reste donc à faire, c'est de rechercher le moyen d'appliquer la protection d'une façon efficace, logique et équitable.*

Les régimes douaniers se sont succédé les uns aux autres, la plupart sont devenus mauvais par suite du progrès de la science elle-même, cause des évolutions économiques du pays.

Le système de Colbert lui-même, qui avait donné au début un aussi heureux essor à l'industrie et au pays tout entier, est devenu mauvais par la suite.

L'admission temporaire qui nous régit en ce moment produisit peut-être, lors de son application, d'heureux effets; mais la fraude est bientôt venue prendre place dans les lacunes de ce régime et c'est à cette dernière que nous devons actuellement la crise que nous subissons. Cette égalité, que nous rappelions il y a un instant dans le principe que nous avons posé, a disparu.

Les semouliers et minotiers des ports de mer ne sont plus dans la même situation que les semouliers et minotiers de l'intérieur de la France.

Ces derniers tendent à disparaître de plus en plus, et l'agriculteur français est le premier à s'en ressentir.

Pour parer au danger, on élève les droits sur les blés étrangers ; on croit ainsi faire disparaître l'envahissement de ces derniers et, par suite, faire trouver à notre agriculture un prix rémunérateur de ses produits.

Mais qu'importe l'élévation des droits, puisqu'elle profitera désormais à la spéculation seule.

L'agriculteur français ne trouvant pas dans l'élévation des droits une protection suffisante et, par suite, la culture du blé n'étant pas rémunératrice en France, il a recherché les moyens de la rendre plus productive : il a concentré ses efforts sur le choix des semences à gros rendements; des maisons importantes l'ont secondé et lui ont procuré des semences obtenues par hybridations, d'apparence superbe, mais pauvres en gluten. Le rendement devient plus abondant, mais le blé produit est lui-même pauvre en gluten, car on demandait à la terre appauvrie où on semait ces blés hybrides, de nourrir deux fois plus de grains qu'autrefois.

Les blés obtenus ainsi étaient donc de qualité inférieure et produisaient forcément des farines de qualité inférieure. C'est à ce moment qu'apparurent en France, en grandes quantités, les farines américaines et hongroises de qualité supérieure, car elles provenaient de blés nerveux, riches en gluten. La boulangerie s'empressa d'accorder la préférence à ces farines, qui servaient ses intérêts en lui procurant un gros rendement à la panification, tout en satisfaisant sa clientèle.

Afin de lutter contre ces farines étrangères, les minotiers des ports de mer abandonnent complètement le blé français et achètent ces mêmes blés qui produisent les farines contre la qualité desquelles ils veulent lutter. Dès ce jour, la minoterie des ports produit à son tour des farines de qualité supérieure et oblige toute la minoterie de l'intérieur, sinon à abandonner le blé français, du moins à se procurer, pour améliorer la qualité de ce dernier, une certaine proportion de ces blés étrangers, proportion qui tend à augmenter tous les jours par suite des exigences de la boulangerie et des consommateurs, de telle sorte que sous peu, voire même dès aujourd'hui, cette quantité de blés étrangers, qui est devenue indispensable en s'imposant par sa qualité, est plus grande que la quantité de blés étrangers que nous sommes tenus d'importer pour compléter notre alimentation.

L'agriculture française, qui ne récolte pas suffisamment de blé pour alimenter la France, voit ses greniers se remplir et il se constitue entre ses mains un excédent de production et, d'après le régime douanier actuel, cet excédent de production ne peut sortir de France sous aucune forme.

A l'heure actuelle, où les greniers déjà bondés ne peuvent plus contenir la récolte superbe qui vient d'être moissonnée, le jour où le besoin de vendre s'imposera, la minoterie française trouvera plus de blé français qu'il ne lui en faut pour la partie de sa fabrication qu'elle peut lui réserver; ce jour-là, la baisse que subira le blé français sera sans limite ! Alors, c'est la crise agricole, crise terrible, car elle tue la nourrice ! Pitié pour les enfants !

D'après cet exposé de la situation actuelle, que nous importera à nous, agriculteurs, une surélévation de droits sur les blés étrangers, puisque ces blés, qui s'imposent par leur qualité, entreront dans tous les cas ; cette augmentation de droits sera donc sans effet sur les blés français.

Il faut donc se hâter de rechercher et surtout d'appliquer un régime douanier prévenant la crise, en permettant la sortie de France de cet excédent de blés et cela sans à-coup. Telle est l'idée essentielle qui nous a guidé dans la recherche du système que nous exposerons plus loin.

Lors de l'établissement des droits frappant les blés entrant en France, le but des Pouvoirs publics a été de protéger l'agriculture en diminuant les importations. Voyons si le but a été atteint et surtout s'il pouvait être atteint par suite de l'adjonction de l'admission temporaire à l'établissement du droit.

Je répondrai : non !

L'établissement d'un droit ou l'augmentation de ce droit frappant les marchandises étrangères à leur entrée ne peut pas avoir pour but de diminuer les importations de ces marchandises, ce droit n'atteint pas les intérêts des vendeurs.

L'augmentation du droit d'entrée a fait élever le prix de vente des matières similaires françaises d'une somme égale aux droits ; c'est d'ailleurs là le but du Gouvernement. En présence de cette situation, la relation qui existe entre les prix des matières étrangères et les matières similaires françaises reste la même.

L'importation de la marchandise étrangère ne se ressentira donc pas des nouveaux droits. Malheureusement il n'en sera pas de même pour le commerce d'exportation, la surélévation de droits lui portera un coup mortel ; si on augmente par exemple les droits de 2 francs, l'industriel se verra en effet obligé d'acheter la matière première française, qui lui coûtait fr. 20, je suppose fr. 22, ce qui augmentera le prix de revient de sa marchandise fabriquée. Quant aux marchandises provenant de matières premières étrangères, ces dernières peuvent être dégrevées du droit qui les frappe lorsqu'elles sont soumises au régime de l'admission temporaire ou autre. Mais ce dégrèvement n'existe et n'existera que pour les marchandises étrangères. Il existera seulement pour les matières françaises le jour où l'Etat aura établi la prime à l'exportation telle que je la réclame. — Par suite de ce régime ne voyez-vous pas une infériorité notoire de notre pays sur les voisins ?

Ce qui est regrettable à l'heure actuelle où la lutte pour la vie se manifeste dans toutes les classes de la société de chaque peuple et entre tous les peuples, la guerre des tarifs s'impose.

S'il m'est permis d'établir une comparaison, cette guerre des tarifs n'est-elle pas semblable à la guerre militaire, ne trouve-t-on pas dans les deux cas la position de défense et la position d'attaque? Il est certain que celui des deux combattants qui a le plus de chances de succès est celui qui par son énergie pourra non-seulement se maintenir sur sa position de défense, mais qui saura encore saisir l'instant favorable pour attaquer et repousser l'ennemi.

Quelle serait la situation d'une armée qui, voyant l'ennemi occuper une position favorable, se contenterait d'user ses munitions à le maintenir dans cette position et à l'empêcher d'avancer? Cette armée ne verra-t-elle pas insensiblement ses munitions s'épuiser et ne sera-t-elle pas destinée à succomber? On l'accusera de faiblesse, de manque d'énergie, car elle aurait dû essayer de tourner la position, d'attaquer et de chercher à vaincre.

La guerre de tarifs n'est-elle pas semblable ?

Devons-nous nous contenter de chercher à maintenir les puissances étrangères dans la position favorable qu'elles occupent en les empêchant d'augmenter leur importation ?

Ne devons-nous pas, au contraire, chercher à exporter, c'est-à-dire à attaquer ouvertement ?

La chose nous est possible, je dirai même plus, indispensable, si nous ne voulons pas, d'ici peu de temps, voir disparaître notre agriculture comme nos industries.

Il est encore temps de remédier au mal, nous devons sans plus tarder, nous mettre à l'œuvre et faire reprendre à la France, par l'extension de son commerce d'exportation le rang qu'elle a occupé jadis parmi les puissances européennes. Ce serait là, je crois, faire œuvre de patriote.

Telle est la situation économique de notre pays, il me semble indispensable de la modifier.

Bien des systèmes ont été préconisés pour y remédier, je vais essayer d'établir une comparaison succincte entre ces différents systèmes après en avoir rappelé les principes :

1° Celui qui nous régit actuellement ou admission temporaire ;

2° Le régime actuel étendu par l'apuration des acquits-à-caution par toutes les zones ;

3° Celui qu'une loi du 27 mars dernier a établi en Allemagne ;

4° Le système de la fusion des acquits de blés durs et de blés tendres ;

5° Le droit drawback pur et simple ;

6° Le régime que nous proposons et qui n'est autre que le droit drawback et la prime à l'exportation combinés.

Mais afin de faire mieux ressortir les avantages et les inconvénients de chacun de ces systèmes, je vous prie de vous rappeler le principe d'économie politique posé au début de cette étude et qui seul doit guider le législateur dans la réforme que tous ceux soucieux des intérêts de notre agriculture et de nos industries qui s'y rattachent attendent impatiemment.

1° Régime de l'admission temporaire.

Sans m'étendre sur ce régime dont j'aurai l'occasion de faire ressortir les inconvénients dans le parallèle que j'établirai entre ce système et celui que je préconise, je tiens cependant à faire remarquer sa principale lacune, car c'est elle particulièrement que je me propose de combattre.

Le régime de l'admission temporaire contient dans son principe même la suppression complète du commerce d'exportation des produits provenant de matières premières françaises au bénéfice du commerce d'exportation des produits provenant de matières premières étrangères.

Les règlements complémentaires de ce régime régissant l'apuration des acquits-à-caution créés par ce dernier contiennent souvent la suppression ou tout au moins l'avilissement du commerce intérieur, ainsi que j'aurai l'honneur de le démontrer. Vous allez me dire qu'une Commission extra-parlementaire vient d'être nommée avec mission de réviser les types des douanes au sujet des farines, que sa mission vient d'être étendue tout dernièrement aux semoules et que les règlements régissant l'apuration des acquits-à-caution seront modifiés. C'est là un problème bien difficile à résoudre, particulièrement dans le choix des experts. Où doit-on prendre les membres de cette Commission extra-parlementaire ? Je ne veux m'occuper ici que des membres techniques pris en dehors de la Chambre ; je n'ai du reste l'honneur de connaître de tous les membres qui composent cette Commission que M. Millochaux, son président, à qui j'ai été présenté lors de mon voyage à Paris comme délégué du département du Puy-de-Dôme.

Il est évident que ces membres ne peuvent être choisis que parmi des propriétaires de semoulerie ou de minoterie, car il s'agit de faire moudre des blés de différentes provenances achetés par l'Etat ; le but poursuivi par ce dernier est en effet d'obtenir un rendement et une qualité maximum pour permettre ensuite à la Commission d'établir les types de douane en faisant une moyenne sur ces rendements et sur cette qualité des produits obtenus.

Le rôle de la Commission sera donc facile : elle n'aura qu'à appliquer les résultats obtenus par les moulins ; ces derniers seront en fait les seuls juges dans la question. Quels sont donc les propriétaires de moulins ou plutôt les moulins qui semblent, soit par leur situation, soit par leur outillage, présenter le plus de garantie pour obtenir le maximum de rendement et de qualité ?

Ne traitant que la question des blés, je m'occupe ici uniquement des types de farines et des types de semoules.

Au sujet de la révision des types de farines, le choix des minoteries est facile. Paris possède des minoteries superbes, admirablement installées et particulièrement aménagées pour traiter dans de bonnes conditions des blés tendres et obtenir le maximum de rendement et de qualité. Espérons que de ce côté-là, ils pourront être judicieusement révisés.

Mais lorsqu'il s'agit de réviser les types de douane de semoules, le choix des minoteries devient plus difficile en présence de notre situation économique.

D'après notre régime douanier actuel, grâce au principe de l'admission temporaire (ainsi que je l'indiquais il y a un instant et que j'aurai l'honneur de le démontrer), les semouliers travaillant des blés étrangers ont fait disparaître d'une façon complète leurs concurrents travaillant des blés français, de telle sorte qu'à l'heure actuelle, tous les semouliers encore vivants — industriellement parlant — travaillent uniquement des blés étrangers. Les blés algériens ou tunisiens entrent en scène comme compères simplement.

Si donc on choisit un de ces semouliers pour travailler les blés durs achetés par l'Etat et établir les types de douane, ce semoulier sera à la fois juge et partie, et sans insister davantage, il est facile de prévoir le résultat qu'on obtiendra.

Il ne reste donc que le meunier pour traiter les blés durs destinés à faire les types de semoule.

Je m'adresse ici aux personnes compétentes, aux meuniers et je leur demande si un moulin dont les cannelures des cylindres du broyage, le blutage, le sassage installés pour la fabrication de farine de blé tendre, où le personnel ignore généralement la mouture des blés durs et la fabrication de la semoule, travail spécial et très minutieux, je demande, dis-je, si cette usine ainsi installée et dirigée par un tel personnel, peut travailler les blés durs de l'Etat dans de bonnes conditions ; le rendement et la qualité seront certainement bien inférieurs à ceux qu'obtiendrait un semoulier.

En résumé, la question est difficile à résoudre et il est à craindre que les types soient faussés après comme avant, soit que l'on confie la révision de ces types à des semouliers, soit qu'on la confie à des meuniers.

Ne pourrait-on pas, une fois qu'on aura obtenu ces types plus ou moins parfaits, établir entre les mains des agents douaniers un deuxième contrôle, qui consisterait, par exemple, à déterminer quelle est la quantité moyenne de produits farineux contenus dans 100 kilog. de blé, et quelle quantité de gluten et d'amidon se trouve renfermée dans ces mêmes produits farineux ?

Il serait ainsi possible, à mon avis, de trouver, en mettant la chose au concours par exemple, un moyen mécanique ou chimique qui permettrait aux agents douaniers chargés du contrôle de déterminer exactement et rapidement la quantité d'amidon et de gluten contenue dans les produits présentés à l'exportation ; il leur serait facile ensuite de tabler sur cette quantité pour contrôler l'apuration des acquits sous le régime actuel, ou pour déterminer le paiement de la prime à l'exportation sous le régime que je préconise.

Ce moyen, une fois perfectionné, serait probablement pratique, mais je suis loin de croire qu'il serait parfait et unique ; il est probable que d'autres moyens plus ingénieux pourraient surgir si on demandait l'appréciation des personnes expertes en la matière. Dans tous les cas il y a urgence à modifier le moyen employé actuellement. Si les semoules sortaient toujours sous forme de semoule, le contrôle serait moins difficile ou du moins il ne serait pas impossible, par la comparaison des types ; mais il ne faut pas oublier que ces semoules sortent généralement sous forme de pâte alimentaire et alors comment déterminer au moyen des types le taux de blutage des semoules qui ont servi à la fabrication de ces pâtes.

Toutes les pâtes alimentaires sortent généralement au taux de 45 0/0, alors que souvent pour ne pas dire toujours, elles contiennent des produits au taux de 70 0/0 ou 80 0/0. — Je vous prie de m'excuser d'avoir ouvert ici cette large parenthèse au sujet de la mission de la Commission extra-parlementaire, ce que je tiens à faire remarquer avant tout c'est qu'en supposant même qu'elle modifie d'une façon judicieuse les types de douanes elle aura simplement obvié aux inconvénients très graves il est vrai, inhérents à la réglementation régissant l'apuration des acquits-à-caution, mais laissera subsister des lacunes bien plus graves encore inhérentes aux principes du système de l'admission temporaire, c'est-à-dire la suppression complète du commerce d'exportation des produits de matières premières françaises.

Si nous comparons le système de l'admission temporaire au principe d'économie politique posé, nous verrons que par son principe même il méconnaît l'égalité des droits des individus ; il ne favorise que la spéculation, lèse les intérêts de la majorité des industriels français au profit d'une infime minorité, avantage l'écoulement en France des blés étrangers au détriment de nos agriculteurs, compromet les intérêts de l'Etat et nous conduit à grands pas à une crise agricole ; enfin et surtout, au lieu d'assurer la vie sociale, au lieu d'étendre le travail national, il le restreint entre les mains des ouvriers des ports au détriment du plus grand nombre ainsi qu'il sera facile de s'en convaincre dans la comparaison de ce système avec celui que je préconise, comparaison que j'établirai à la fin de cette étude.

2° Régime de l'admission temporaire étendu par l'apuration des acquits-à-caution par toutes les zones.

Ce système consiste à permettre l'apuration des acquits-à-caution créés à l'entrée des blés étrangers en France par un bureau de douane quelconque de la frontière.

Ce régime semble apporter une certaine amélioration à celui qui existe actuellement, mais il y a là une simple apparence trompeuse. Ses auteurs le présentent comme protégeant l'agriculteur alors qu'il ne favorise que les gros meuniers travaillant des blés étrangers.

Permettez-moi d'abord d'étudier ce système dans ses effets :

Les gros minotiers, afin d'améliorer la qualité de leurs farines et de les rendre susceptibles de concurrencer les farines de l'étranger sont tenus d'acheter une certaine proportion de blés étrangers appelés blés nerveux. Sous le régime actuellement en vigueur, les meuniers qui n'ont pas la possibilité d'apurer les acquits-à-caution par le bureau de douane où ils ont été créés (cette faveur étant réservée à quelques maisons seulement), sont tenus de payer les droits.

Sous le régime qu'ils préconisent, ils prendront leurs blés étrangers à l'admission temporaire et afin de ne pas payer de droits d'entrée pour ces blés, ils vendront à l'étranger l'équivalent en farine provenant de blés français ; ils apureront leur acquit, par suite éviteront le paiement des droits. De ce chef, par leur système, l'Etat, du fait qu'il ne touche pas le droit qu'il devait encaisser sur le blé étranger, paie intégralement la prime à l'exportation égale au droit. Ainsi les meuniers encaissent une partie de la prime que nous demandons pour l'agriculture.

Comment les partisans du système peuvent-ils voir dans ce régime une protection pour l'agriculture française ? C'est absolument le contraire, ils demandent là une nouvelle faveur pour les blés étrangers !

C'est une prime détournée à l'importation, c'est une faveur pour eux personnellement qui ont tout intérêt à recevoir la plus grande quantité possible de blés étrangers dans leurs usines alors que le meunier vraiment français dans son travail, celui qui emploie uniquement des blés français, lorsqu'il voudra exporter des produits provenant de blés français ne le pourra pas. Il sera tenu d'aller à un de ces gros meuniers, le prier de lui vendre un acquit-à-caution, tenu d'aller lui tendre la main, lui demander l'aumône, *c'est là le mot ;* quel que soit le prix qu'il achètera cet acquit, le coût constituera bien un bénéfice pour le vendeur et une perte pour l'acheteur qui ne pourra jamais avoir de bénéfice dans l'exportation ; la valeur dé cet acquit sera environ égale au bénéfice qui résultera de la substitution des produits de blé français aux produits de blé étranger.

Dès aujourd'hui, on peut donc prévoir qu'il n'y aurait pas d'acquit à la vente, car dans les conditions où se travailleront les blés étrangers, les détenteurs d'acquits auront toujours en mains de quoi apurer leurs acquits. S'il y en a à la vente, ce sera à des prix qui ne permettront pas de les aborder.

Dans tous les cas, il ressort clairement que les quelques acquits-à-caution non apurés sous le régime actuel, le seront sous ce régime-là et l'Etat n'encaissera plus rien sur l'entrée des blés étrangers en France.

En somme, ainsi que vous venez de le voir, l'application de ce système ne serait rien autre que la concession du monopole du trafic des acquits-à-caution entre les mains de gros minotiers travaillant des blés étrangers qui retrouveraient par là une partie de ce qu'ils vont perdre par suite de la révision des types de douane par la Commission extra-parlementaire nommée à cet effet.

Ce n'est certainement pas sans raison qu'on a cru devoir le supprimer en 1861. Les lacunes qui existaient alors ne seraient que plus dangereuses aujourd'hui, par suite du droit élevé qui frappe l'entrée des blés étrangers.

Messieurs les gros minotiers, vous êtes vraiment insatiables, car par votre situation topographique vous jouissez des faveurs résultant des transports par les canaux qui ont coûté 1,500 millions à l'Etat ; qui coûtent chaque année 12 millions d'entretien. Ces dépenses arrivent même, paraît-il, à 35 millions certaines années. L'Etat vous fournit encore les hommes nécessaires à la manœuvre des écluses sans laquelle la navigation ne pourrait pas avoir lieu.

Qui en jouit en obtenant des transports à prix très réduits, ce qui vous permet de nous concurrencer? Vous seuls! Qui est-ce qui paie? L'Etat, c'est-à-dire nous tous, qui n'en jouissons pas.

Non-seulement l'Etat s'impose les sacrifices ci-dessus, mais il se fait la concurrence à lui-même. En effet, par suite des transports à prix réduits de la batellerie dont la cause se retrouve dans les charges et les impôts dont il les exempte, cette dernière oblige les Compagnies de chemin de fer qui sont en concurrence avec elle de réduire leurs tarifs. Les Compagnies, de ce chef, subissent des pertes et l'Etat est obligé, par suite de ses engagements vis-à-vis de ces Compagnies, de parfaire les dividendes. Qui bénéficie de ces transports réduits sur les chemins de fer? Vous seuls encore! Qui paie? Toujours nous tous !

Vous voyez donc que ce système dans ses effets est réellement illégal et dangereux.

Si maintenant nous le comparons au principe d'économie politique posé, nous verrons qu'il ne remplit pas les conditions de ce principe, car il n'assurerait pas l'égalité des droits et il n'établirait pas l'égalité entre les commerçants et les industriels français. Il favoriserait la minoterie travaillant des blés étrangers au détriment de celle travaillant des blés français, par là même ne procurerait pas le maximum de travail national, et surtout ne permettrait pas l'écoulement de cet excédent de blé constitué entre les mains de l'agriculture française et ne préviendrait donc pas la crise agricole. Ce dernier argument s'explique aisément :

Il y a un stock existant entre les mains de l'agriculture française qui s'est créé ainsi que nous l'avons démontré plus haut. C'est ce stock qui est cause de l'avilissement du prix de vente. Il faut, dans l'étude de la modification à apporter au régime actuel, s'attacher à rechercher un moyen qui permette d'écouler ce stock, seul moyen d'éteindre la crise qui étreint actuellement le producteur de blé français ainsi que les industries qui s'y rattachent.

Voyons si le régime de l'admission temporaire étendu par l'apuration des acquits par toutes les zones remplit ce but.

A ce sujet, j'adresserai deux questions aux partisans de ce système :

1° Que faut-il, par votre système, pour exporter 100 kilos de blé français ?

2° Combien faut-il sortir de France de produits farineux pour apurer un acquit-à-caution créé à l'entrée de 100 kilos de blé étranger ?

Sur la première question, vous me répondez naturellement : Il faut un acquit-à-caution. Que faut-il pour créer un acquit-à-caution ? Il faut rentrer 100 kilos de blé étranger en France. Donc, d'après ce système, toutes les fois qu'il sort les produits de 100 kilos de blé français, il rentre en France 100 kilos de blé étranger. Est-ce là le moyen d'écouler le stock ?

Sur la deuxième question, vous allez me répondre : Cela dépend du blutage des produits présentés à l'exportation.

Supposons que ce soient des produits à 45 0/0, taux généralement adopté pour les semoules ; dans ce cas il suffira de sortir 55 kilos de farine ou de semoule pour apurer un acquit de 100 kilog. de blé au blutage de 45 0/0.

Par la sortie de 55 kilog. seulement de produits, vous apurez un acquit dont la création avait exigé *l'entrée de 100 kilos de blé étranger ;* vous voyez donc que non-seulement ce régime ne diminue pas le stock, mais il l'augmente des 45 centièmes des produits importés.

Recherchons maintenant qui bénéficiera de ce système et où consiste le bénéfice provenant de la substitution des produits de blés français aux produits de blés étrangers qui ont donné lieu à la création de l'acquit.

J'attire particulièrement votre attention sur le raisonnement qui suit :

Les blés étrangers indispensables à la grosse meunerie française lui coû-teraient actuellement, si les choses se passaient normalement, coût à l'en-trepôt 12 francs les 100 kilog. + 7 francs de droit = 19 francs, alors que les blés français coûtent 17 francs seulement, soit deux francs de moins.

Au lieu de payer les 7 francs de droits, MM. les meuniers prendront ces blés en admission temporaire et apureront leurs acquits avec des produits de blés français qu'ils vendront à l'étranger ; or ces blés français, ainsi que je viens de le dire, coûtent 17 francs les 100 kilog. Par leur sortie, les meu-niers évitent le paiement du droit de 7 francs, cela revient à toucher 7 francs de prime. Ces blés leur coûtent par suite 10 francs les 100 kilog. seulement ; ils réalisent donc un bénéfice de 2 francs.

Mais les meuniers, par ce moyen-là, touchent la prime à l'exportation que nous demandons pour l'agriculteur français.

Cette prime à l'exportation encaissée par la meunerie travaillant des blés étrangers est appelée à augmenter, et le régime même de l'admission tem-poraire étendue par l'apuration des acquits-à-caution par toutes les zones a pour but de produire cet effet.

Car, pour cela, que faut-il ? Augmenter la différence entre le prix du blé français et le prix du blé étranger à la consommation.

Pour arriver à ce résultat, il faut avilir le plus possible le prix du blé français en augmentant le stock existant tel que le fait ce système.

Est-ce là le but que se propose le Gouvernement ? Est-ce là le moyen d'enrayer la crise agricole ? Ne serait-ce pas, au contraire, le moyen de faciliter l'entrée des blés étrangers, en leur accordant une nouvelle faveur, au détriment de l'agriculteur français ?

3° Régime allemand : permis d'importer.

Ce régime consiste à accorder aux agriculteurs, minotiers, semouliers, etc., à la sortie de blés ou de produits de blés allemands, un permis d'im-porter en franchise de droit une quantité égale de blés étrangers par une frontière quelconque. L'avantage de ce système (qui a d'ailleurs été le but de l'Allemagne) est de régulariser le prix du blé sur toute l'étendue dé l'Empire.

Telle province qui récolte trop de blé pour son alimentation, a la possibi-lité d'exporter l'excédent par la frontière allemande la plus rapprochée. En échange de cette sortie, la douane délivre un permis d'importer une quan-tité égale de blés étrangers par une autre frontière rapprochée d'une province de l'Empire qui n'en récolte pas suffisamment pour son alimentation. On évite ainsi le coût de transport du blé allemand d'une province à une autre, coût qui grèverait d'autant le blé transporté et établirait ainsi une différence de prix d'une province à une autre. Ce système, bien supérieur aux deux précédents, se rapproche beaucoup du système que nous préconisons et semblerait même avoir été inspiré par les premières communications publiées par le *Moniteur du Puy-de-Dôme* en janvier et février, car il a été adopté par les Allemands le 27 mars dernier.

Ce permis d'importer, sans établir une égalité absolue entre les provinces et les individus, concilie certains intérêts, mais il permet encore le trafic de ces permis d'importer, et qui dit trafic dit fraude. Il est bien certain que le plus souvent ce ne sera pas le véritable titulaire du permis, c'est-à-dire l'exportateur, qui se servira de son autorisation d'importer sur une autre frontière; il faudrait pour cela qu'il soit commerçant à la fois sur la frontière touchant à la province qui a un excédent et celle qui a un déficit ; ce titre est donc destiné à être transmis d'une personne à une autre. Nous retrouvons donc là quelques-uns des inconvénients constatés dans le trafic des acquits-à-caution.

Si nous examinons de près ce système, nous découvrons de graves inconvénients dans son application en France.

Afin de nous en convaincre, étudions ici les effets de ce système dans les différents cas qui peuvent exister :

1º Dans le cas où la France récoltera exactement la quantité de blé nécessaire à son alimentation ;

2º Dans le cas où la quantité de blé récoltée sera inférieure à la quantité nécessaire à la consommation (cas général) ;

3º Dans le cas où la quantité de blé récolté sera supérieure à la quantité nécessaire à la consommation.

Dans le premier cas, la quantité de blé qui sortira de France sera égale à la quantité qui y entrera. Les permis créés auront exactement leur placement; ils se vendront, mais faiblement, par suite de la loi naturelle de l'offre et de la demande ; ils subiront probablement une perte qui variera de 50 centimes à 1 franc.

Dans tous les cas, cette perte sera toujours supportée par le négociant exportateur de blés français qui forcément la fera subir à son tour à l'agriculteur qui lui vendra le blé et le bénéfice sera toujours réalisé par le négociant importateur de blés étrangers, qui en fera bénéficier le vendeur de blés étrangers. Il reste donc là encore un avantage en faveur des blés étrangers.

Dans le deuxième cas (cas d'une récolte déficitaire), il entrera beaucoup plus de blés étrangers qu'il n'en sortira; la différence entre les entrées et les sorties représentera justement la quantité nécessaire pour compléter l'alimentation de la France.

Dans ce cas, les demandes de permis seront supérieures à la quantité créée; les permis feront donc prime et le prix se rapprochera de la limite extrême du droit, soit 6.99 par exemple.

Dans ce cas, les blés étrangers entrant en France seront frappés du droit le plus élevé alors que le rôle du Gouvernement, ces années-là, est de diminuer le droit ainsi qu'il a été fait par la loi Viger en 1892 pour faciliter l'entrée de blés étrangers et éviter une hausse exagérée du pain. Le système allemand produirait donc dans ce cas le contraire de l'effet désiré.

Enfin, dans le troisième et dernier cas (année d'abondance), il sortira plus de blés qu'il en entrera et un certain nombre de permis n'auront pas d'emploi par suite de la même loi naturelle de l'offre et de la demande. Ces permis seront dépréciés et leur valeur baissera de 6.99 à fr. 1 ou 0 fr. 50, voire même moins.

Dans ce cas encore, le but atteint sera contraire à celui désiré, en ce sens que lors d'une année d'abondance le rôle du Gouvernement est d'enrayer l'entrée des blés étrangers par un droit élevé, voire même par une prohibition ainsi que le demandent actuellement certains syndicats agricoles, afin de ne pas augmenter le stock existant. Ce système favorise l'entrée, appelle même les blés étrangers en les laissant entrer en franchise.

Ainsi que vous venez de le voir, ce régime allemand est défectueux dans ses effets et non applicable en France où la quantité de blé récoltée d'une année à une autre varie du trop au trop peu.

4º Régime du droit Drawback.

Ce régime consiste à percevoir le droit frappant les blés étrangers à leur entrée en France et à rembourser à sa sortie l'équivalent du droit payé à l'entrée.

Le principal avantage de ce système, c'est la suppression des acquits-à-caution, et par suite de leur trafic et de leurs nombreuses lacunes, sur lesquelles je ne reviendrai pas ici; mais il laisse subsister tous les autres inconvénients du régime actuel. Il limiterait le commerce d'exportation aux produits des blés étrangers et en cela favoriserait la minoterie des ports au détriment de la minoterie de l'intérieur, qui serait sous ce régime dans l'impossibilité complète d'exporter des produits provenant de blés français. Ce régime conserve donc la plupart des lacunes de l'admission temporaire sans avoir les avantages du système allemand. Il n'assurerait pas le maximum de travail national et ne permettrait pas, chose indispensable, l'écoulement du stock existant, cause de la crise que nous subissons.

5° **Fusion des acquits de blés durs et de blés tendres**
(système marseillais).

M. Bottazzo écrivait dernièrement une lettre à M. Thomson, député d'Algérie, lettre qui a été publiée par son journal, *le Phare du Commerce*, dans laquelle on lisait le passage suivant :

« La loi douanière est mal faite, et au lieu de protéger l'Algérie, elle
» oblige l'acheteur à s'en éloigner. Le remède à ce mal serait bien simple :
» un simple décret suffirait ; car la loi est faite de façon à ce qu'il ne soit
» pas nécessaire d'une nouvelle loi pour remédier à cela ; il s'agirait tout
» simplement d'obtenir de la Douane que les blés durs fussent assimilés
» aux blés tendres, et que ces deux acquits se confondissent, c'est-à-dire
» que l'on pourrait indifféremment sortir des farines sur les acquits de blés
» durs comme des semoules sur les acquits de blés tendres. »

Un des avantages de cette nouvelle et lumineuse conception, au dire de M. Bottazzo lui-même, serait celui de la voir mettre à exécution sans plus tarder, en comptant sur le dévouement des membres de notre Gouvernement ; un seul décret suffirait, et par là même toutes les lenteurs des travaux législatifs disparaîtraient ; plus d'études au sein des Commissions parlementaires et extra-parlementaires. Un simple amendement à notre régime douanier actuel ferait trouver à l'agriculture un prix rémunérateur de ses produits et étoufferait la crise qu'elle subit en ce moment.

Je reconnais avec M. Bottazzo que l'avantage que présente son système est grand et doit être pris en considération ; mais, hélas ! ce serait le seul, à mon avis.

Quant aux inconvénients qu'il pourrait présenter, s'il était mis un jour à exécution (ce que je ne saurais souhaiter pour la France), j'en laisse juges toutes les personnes compétentes, notamment M. Thomson, à qui est adressée spécialement la lettre que je commente en ce moment. Par ce système, M. Bottazzo demande simplement la possibilité d'apurer avec des produits de blés d'Algérie les acquits de blés tendres étrangers entrant en France.

L'Etat, qui, d'après le régime actuellement en vigueur, n'encaisse déjà plus rien sur la plupart des blés durs consommés en France, d'après le système Bottazzo, n'encaissera plus rien sur les blés tendres ; tous les blés étrangers, tendres ou durs, passeront par l'entrepôt fictif, et tous les acquits à-caution seront apurés ; l'Etat, je le répète, ne touchera plus rien, et le semoulier marseillais encaissera à sa place l'argent que lui verseront les vendeurs d'acquits.

En face de cette nouvelle machination marseillaise, à laquelle je ne me serais jamais attendu, combien M. Méline avait raison, alors qu'il s'écriait dernièrement à la tribune de la Chambre, au sujet de la question des raisins secs :

« Vous êtes insatiables, messieurs les Marseillais. »

6° **Droit Drawback et prime à l'exportation combinés**
(notre système).

Afin d'être plus explicite et de faire ressortir plus clairement la nécessité de modifier le régime de l'admission temporaire, nous allons tout d'abord étudier la situation actuelle, rechercher l'origine de ce régime, rappeler ses lacunes et les effets de ces dernières.

La surélévation des droits d'entrée sur les blés étrangers suffit-elle pour enrayer la crise que nous subissons ? Non.

Il est facile de s'en convaincre en considérant l'effet produit dernièrement par la surélévation de droit de 2 francs par 100 kilos.

La hausse si ardemment désirée des agriculteurs a fait place à une baisse qui tend à s'accentuer encore.

Une seule modification à l'ancien état de choses semble devoir être efficace, c'est celle qui a trait à l'admission temporaire. Cette question a été réservée lors de l'étude du régime douanier. Elle reste à résoudre et le sera bientôt, je l'espère, car elle touche de très près les intérêts de nous tous, agriculteurs, meuniers et semouliers ; c'est sur elle que je me permets d'attirer votre attention.

Notre chère France était autrefois un pays d'exportation de produits farineux ; c'est cet état que je voudrais voir réapparaître, et pour cela je vais essayer, si vous le voulez bien, de rechercher avec vous la cause du mal, nous en chercherons ensuite le remède.

Quel a été le but des pouvoirs publics le jour où ils ont établi un droit d'entrée sur les blés étrangers, sinon de favoriser les intérêts de l'agriculture nationale en faisant augmenter d'une valeur égale au droit le prix des blés français ?

Au début, alors qu'on n'avait pas encore découvert les moyens de fraudes, le but poursuivi a été entièrement atteint ; le blé français a subi une augmentation égale au droit.

RUINE DE NOTRE COMMERCE D'EXPORTATION.

Le Gouvernement, après l'établissement du droit, loin de s'en tenir là, ne voulant pas nuire au commerce d'exportation de la meunerie et de la semoulerie des ports, a cherché un système qui dégrève les blés étrangers lorsqu'ils sont destinés à l'exportation. C'est de là qu'est né le régime de l'admission temporaire, qui consiste à admettre dans les usines, sous caution, les blés en franchise de droits d'entrée, en accordant aux fabricants un certain délai pour les transformer et les réexpédier à l'étranger.

C'est là, pendant le séjour dans ces usines, que les blés sont en *admission temporaire*, et c'est lors de leur changement de situation qu'a lieu la création de l'acquit-à-caution constatant la caution pesant sur ces blés pendant la durée de l'admission temporaire.

Si les produits provenant de ces blés sont destinés à être consommés en France, à leur sortie de l'admission temporaire, ils acquittent les droits; si, au contraire, ces produits sont destinés à l'exportation, ils ne paient aucun droit, ils apurent simplement l'acquit-à-caution.

C'est là ce qui permet aux meuniers, aux semouliers des ports de mer de travailler des blés étrangers dont les produits sont destinés à l'exportation, sans que ces blés soient frappés de droits.

Ce régime a donc eu pour but de dégrever les blés étrangers du droit, alors que ces blés sont destinés à l'exportation; mais du fait même de l'établissement du droit d'entrée, le prix du blé français avait subi une majoration égale au droit, ainsi que je l'explique; et l'admission temporaire a pour but unique de dégrever les blés étrangers destinés à l'exportation, alors qu'elle laisse subsister la majoration de prix égale au droit qui pèse sur les blés français, même dans le cas d'exportation.

En présence de ce régime de l'admission temporaire et au point de vue de l'exportation, si nous comparons la situation d'un meunier de l'intérieur travaillant des blés français dont le prix a subi une majoration égale au droit de douane, à la situation d'un minotier ou semoulier d'un port de mer qui travaille des blés étrangers bénéficiant de l'admission temporaire, et si nous suivons ces deux commerçants lorsqu'ils se sont présentés à l'étranger pour vendre leurs produits, nous verrons que le minotier travaillant des blés étrangers, seul, a pu vendre les siens, car ils provenaient d'un blé coûtant 7 francs de moins que le blé français employé par le minotier de l'intérieur; celui-ci fatalement a dû succomber devant son concurrent.

Vous voyez donc bien que le principe même du régime de l'admission temporaire contient la suppression complète du commerce d'exportation des produits provenant de blés français au bénéfice du commerce d'exportation des produits provenant de blés étrangers.

PRÉJUDICE A NOTRE COMMERCE INTÉRIEUR.

Il restait, semble-t-il, au minotier de l'intérieur la possibilité de vendre ses produits en France, car, dans ce cas, l'industriel des ports est obligé de payer le droit, ainsi que je viens de l'expliquer il y a un instant, et, dans ce cas, le blé lui coûte le même prix que celui acheté par son collègue de l'intérieur : il n'en est rien, et c'est là, Messieurs, qu'apparaissent les lacunes de notre régime douanier.

Lors de l'établissement de l'admission temporaire, il a fallu créer des règlements de douane suivant lesquels aurait lieu la libération des acquits-à-caution. D'après ces règlements de douane, on peut libérer des acquits-à-caution au moyen de produits blutés à des pourcentages différents.

Supposons qu'un minotier ou semoulier libère ses acquits au moyen de semoule, par exemple, à 45 0/0, taux généralement adopté, cela signifie qu'il suffit à ce semoulier de sortir de France 55 kilos de semoule pour libérer un acquit de 100 kilos de blé; les 45 kilos restant entre ses mains sont considérés comme sons et paient simplement le droit de 0ᶠ60 par 100 kilos.

(Afin de simplifier nos raisonnements, nous négligerons ces 0ᶠ60 par 100 kilos sur le son.)

Sur les 45 kilos de marchandises provenant d'un blé dur semoulier de qualité supérieure, il y a environ 15 kilos de son; il reste donc 30 kilos de produits farineux qui se décomposent en 15 kilos de semoule et 15 kilos de farine.

Ce semoulier garde donc en France, sur chaque 100 kilos de blé étranger travaillé sous le régime de l'admission temporaire, 15 kilos de farine et 15 kilos de semoule provenant d'un blé qui n'a pas payé de droit d'entrée.

Par la vente des 15 kilos de farine, il vient concurrencer facilement la vente des farines de blés français à l'intérieur, et au moyen des 15 kilos de semoule, il est venu se substituer au semoulier employant des blés français pour la vente des semoules à l'intérieur de la France, de la même façon qu'il l'avait fait pour la vente à l'étranger.

Donc, pas plus à l'intérieur qu'à l'extérieur, le semoulier travaillant des blés français ne peut trouver un débouché pour ses produits; qu'en est-il résulté? A Clermont, par exemple, la semoulerie, autrefois si florissante, a disparu forcément malgré les blés semouliers supérieurs que cette contrée avait sur place. Il en est fatalement de même pour la meunerie de l'intérieur. L'agriculture a vu lui échapper un écoulement important et sûr pour ses blés qu'elle vendait un prix rémunérateur. Par qui sont vendus les blés qui remplacent ces blés français ? Par l'*étranger !*

De nombreuses minoteries et semouleries chôment, les fabriques de pâtes alimentaires de l'intérieur périclitent et disparaîtront fatalement, ces industries passeront aux mains des industriels situés sur les ports et travaillant des blés étrangers. Voilà l'œuvre du régime de l'admission temporaire.

Le raisonnement qui précède, appliqué aux semoules, est en tout point applicable aux farines.

PROPOSITION DE MODIFICATION DU RÉGIME DOUANIER.

Ainsi que nous venons de le voir, la cause du mal réside dans le régime de l'admission temporaire. Il y a donc lieu de modifier ce régime.

Et j'ai l'honneur de soumettre aux Pouvoirs publics le régime suivant que je vais étudier ici :

« 1° Tous les blés étrangers entrant en France payeront le droit quel » qu'il soit ;

» 2° Ce droit sera définitivement acquis à l'Etat, et dès lors ces blés » deviendront blés français, il n'existera plus de différence entre eux et » ceux récoltés en France ;

» 3° A la sortie des produits, semoules, pâtes alimentaires, farines, » etc., sans tenir compte de la provenance des blés « français ou étran- » gers qui ont servi à les fabriquer », il sera remboursé sous forme de » prime d'exportation l'équivalent de ce droit. »

A première vue, une objection semble se présenter.

La prime que nous demandons ne sera-t-elle pas une perte pour l'Etat qui payera une prime d'exportation pour des produits provenant de blés français ?

Il n'en sera rien : notre production étant inférieure à notre consommation, nous sommes tenus d'importer.

La production française est environ de 100 millions d'hectolitres année moyenne, la consommation atteint 120 millions ; il y a donc une entrée forcée de 20 millions payant intégralement le droit de 7 francs, soit une recette de 140 millions pour l'Etat. En admettant que nos exportations en farines, semoules, pâtes alimentaires, etc., provenant de blés français soient de 10 millions de quintaux, nous devons donc importer pour le complément de nos besoins 30 millions au lieu de 20 millions, soit au droit de 7 francs 210 millions qui rentreront dans les caisses de l'Etat au lieu de 140 millions.

Ces 70 millions serviraient au paiement de la prime accordée à la sortie des produits fabriqués avec les 10 millions de quintaux de blé français.

L'Etat ne perd donc rien, il encaisse les 70 millions d'une main et les rembourse de l'autre.

Un seul argument a été opposé au système ci-dessus, c'est que l'année où la France récoltera plus de blé qu'il ne lui en faut pour son alimentation, ce système fera perdre de l'argent au Trésor. Ceci est exact, car l'Etat payera la prime à l'exportation sur cet excédent de récolte qui sortira probablement. Mais nous sommes obligés de reconnaître que les années où la France récolte plus de blé qu'il ne lui en faut pour son alimentation constituent une exception. Trois fois seulement dans le siècle, ce cas s'est présenté. Et cette année-ci, par exemple, qui serait la plus forte des trois, si on s'en rapporte à l'appréciation de certaines statistiques. Elle nous apporte un excédent insignifiant car nous consommons 120 millions d'hectolitres, et la statistique du Ministère de l'Agriculture nous accuse une récolte de 121 millions d'hectolitres, soit un million d'excédent. Savoir si par suite d'une augmentation d'ensemencement ou plus particulièrement par suite du blé qui sera consommé par le bétail vu son bas prix, cet excédent de un million ne se trouvera pas absorbé.

Au pis aller, en supposant que cet excédent de un million soit et reste bien réel, le sacrifice de 7 millions de francs qu'il exigerait de l'Etat ne serait pas énorme. Ce dernier est appelé souvent à faire des sacrifices pour des choses moins intéressantes que l'agriculture qui est la nourrice du pays.

Il me semblerait rationnel que dans l'étude d'un projet de loi on ne table pas sur une année à récolte extraordinaire constituant une aussi rare exception (3 dans un siècle); ne doit-on pas au contraire se baser sur une moyenne ?

Si nous prenons par exemple la moyenne des 20 dernières années, nous retrouverons comme récolte moyenne environ 105 millions d'hectolitres; comme nous consommons 120 millions d'hectolitres en moyenne, nous sommes donc tenus d'importer 15 millions d'hectolitres par an.

Mon système ne fera donc pas subir la moindre perte à l'Etat, au contraire il lui assure d'une façon incontestable la perception des droits sur les blés consommés en France.

Malgré les explications qui précèdent, si le Gouvernement croyait devoir s'associer aux craintes émises par les ennemis de mon système, plus soucieux de leurs intérêts personnels que de ceux du Trésor, soit dit en passant, c'est-à-dire si l'Etat redoutait de payer sous forme de prime à l'exportation plus qu'il n'encaisserait sous forme de droit d'entrée, il existe un moyen susceptible de dissiper entièrement ses craintes à ce sujet : ce moyen consisterait à substituer au paiement en espèces de la prime à l'exportation, un *Bon* de pareille somme, ce *Bon* portant un numéro correspondant à celui d'un reçu qui servirait à la douane à constater le paiement du droit d'entrée sur quantité égale de blé étranger.

Ce *Bon* serait payable seulement après encaissement du reçu correspondant; mais ce *Bon* serait dans tous les cas remboursable au pair par la douane ou la régie lorsque le reçu correspondant aurait été encaissé. L'Etat serait ainsi assuré de ne pas payer plus qu'il n'aura encaissé ou même sera assuré de ne pas payer avant d'avoir encaissé.

La valeur du *Bon* ne variera pas, son paiement sera simplement avancé ou retardé suivant que la récolte aura été bonne ou mauvaise, c'est-à-dire suivant qu'il sera entré plus ou moins de blé étranger. Lors d'une mauvaise année, les bons seront payables au comptant car il entrera beaucoup de blé et il en sortira peu.

Lors d'une année d'abondance, le paiement des bons sera retardé car il entrera peu de blé et il en sortira beaucoup. Le paiement pourra dans ce cas être retardé d'une année entière reportant ainsi sur l'année suivante le paiement du bon de l'année précédente.

Vous voyez que ce système se rapprocherait beaucoup du système allemand, il en aurait tous les avantages sans en avoir les graves inconvénients.

Je crois avoir répondu au seul reproche qui ait été adressé à mon système, que dans le cas particulier et exceptionnel où la France récoltera plus de blé qu'il ne lui en faut pour sa consommation, l'Etat perdra. Je suis heureux d'étudier ici en parallèle avec mon système et en dehors des nombreux inconvénients signalés à qui de droit, ce qui se passerait dans le cas où la France récolterait plus de blé qu'il n'en faut pour sa consommation sous le régime de l'admission temporaire étendu par l'apuration des acquits par toutes les zones.

Si nous récoltons plus de blé qu'il ne nous en faut pour notre alimentation, il n'entrera pas de blé étranger, par conséquent nous n'aurons plus d'acquits-à-caution et par suite plus d'exportation possible. Alors le commerce d'exportation de blé français sera possible, seulement dans le cas où le prix du blé français baissera au-dessous du prix du blé étranger à l'entrepôt, et ce prix du blé étranger à l'entrepôt aura lui-même baissé si la France, débouché important pour ces blés fait défaut. Il est probable que ce prix du blé étranger à l'entrepôt descendra au-dessous de 10 francs, voire même au-dessous de 8 francs.

Vous voyez donc qu'il faudrait que le blé français baisse au-dessous de 8 francs, et alors ce serait une ruine complète pour notre agriculture.

Ainsi que nous l'avons fait pour les différents systèmes douaniers que nous venons de critiquer dans cette étude, si nous comparons le système que nous préconisons au principe d'économie politique posé, nous verrons qu'il répond en tous points à ce principe.

Il établit d'une façon incontestable et entière l'égalité des droits en tout et entre tous. Tous pourront au *même titre* vendre ou acheter des blés étrangers ou français. Tous pourront également au même titre travailler, vendre, expédier à l'intérieur ou à l'extérieur les produits manufacturés.

En même temps que c'est le régime de l'égalité substitué au privilège, c'est également le régime de la prospérité générale ; car au lieu de supprimer ou au moins d'avilir le commerce intérieur comme le fait le régime actuel, même étendu à l'épuration des acquits par toutes les zones, « ainsi qu'il a été expliqué » ; au lieu de limiter le commerce d'exportation aux produits de matières premières étrangères, c'est l'obtention du maximum de travail national en mettant le commerce d'exportation de la France à la portée de tous.

L'application de notre système n'est en rien nuisible à l'industrie loyale des ports. Nous supprimons les acquits-à-caution, partant leur trafic et les fraudes qui en résultent. Il faut que la poule aux œufs d'or des acquits-à-caution soit bien féconde pour que les semouliers marseillais ainsi que les minotiers travaillant des blés étrangers la défendent avec autant d'insistance, autant d'acharnement, car le système que je préconise ne change en rien leur situation.

Il est facile de s'en convaincre :

D'après le régime de l'admission temporaire, ils achètent des blés étrangers, les transportent dans leurs usines, les gardent là le temps nécessaire pour les transformer et les réexpédier à l'étranger sans avoir à payer de droit pour ces blés.

Sous le régime que je préconise, à l'entrée de ces blés ils paieront ce droit, à la sortie on leur remboursera intégralement ce droit.

Quelle différence peut-on trouver entre ces deux systèmes, si ce n'est la perte de l'intérêt des fonds employés au paiement de ces droits pendant la durée de l'admission temporaire. Dans tous les cas, je ne verrai aucun inconvénient à ce que l'Etat ouvre à ces industriels un compte courant lui permettant de faire crédit pour ces droits pendant la durée de l'admission temporaire à ces industriels. La situation serait donc, dans ce cas, pour l'Etat comme pour les meuniers ou semouliers ce qu'elle est aujourd'hui.

Il nous a été facile de démontrer que l'Etat ne subit pas de perte par notre système. Mais il va nous être plus facile de démontrer que nous sauvegardons ses intérêts gravement compromis par le régime actuel. Et pour cela il nous suffit de constater que les acquits-à-caution se vendent, et d'établir en quoi consiste la vente d'un acquit-à-caution.

C'est le droit cédé à l'acheteur par le vendeur de substituer frauduleusement son nom au sien aux yeux de la douane.

Nous pouvons en parler savamment car nous connaissons intimement un minotier de notre contrée qui, pendant les années 1890-1891, a acheté au moins 80,000 hectolitres de blés durs étrangers à Marseille, et je puis certifier que sur ces blés l'Etat n'a jamais encaissé un centime de droit. Ce minotier a toujours trouvé un semoulier marseillais disposé à acheter ses acquits-à-caution. Actuellement la situation est la même car les acquits font prime à 2 francs.

Afin de vous faire suivre en détail l'opération de la vente d'un acquit-à-caution, permettez-moi de prendre un exemple et de le rendre personnel : J'achète à Marseille 100 kilos de blé étranger destiné à être consommé en France, je dois donc 7 francs à la douane, je me garde bien de payer, je vends à un semoulier mon acquit 1 franc. Mon acheteur me tient alors le raisonnement suivant :

« Donnez-moi 6 francs et j'irai payer à votre place les 7 francs que vous devez à la douane »; il va trouver la douane, non pour payer les 7 francs que je dois, mais pour substituer frauduleusement son nom au mien et faire simplement passer toujours frauduleusement ce blé de l'entrepôt à l'admission temporaire dans son usine, il crée alors un acquit-à-caution en son nom et ainsi ce blé, qui sera consommé en Auvergne, paraît rester à l'entrepôt fictif à Marseille.

Vous allez me demander : Comment libère-t-il cet acquit? La douane ne fait donc pas son service? La douane fait parfaitement son service, et ce semouleur achète des acquits justement pour régulariser sa situation vis-à-vis de la douane. Pour s'en rendre compte, il suffit de nous rappeler les règlements de douane qui régissent l'apuration des acquits-à-caution, en vertu desquels il reste en mains des minotiers ou semouliers travaillant des blés étrangers sous le régime de l'admission temporaire sur chaque quintal de blé étranger travaillé pour l'exportation, 30 kilos de produits farineux libres de toute caution. En achetant mes acquits, il a simplement acheté la quantité de blé représentative de ces 30 kilos de produits qu'il avait dans son usine libre de caution et par suite en excédent.

Et par la sortie de France des produits ci-dessus, il libère l'acquit qu'il a frauduleusement créé.

L'Etat, qui devait encaisser 7 francs, n'a rien encaissé ; quant à moi, j'ai encaissé 1 franc et mon acheteur 6 francs.

Il en est ainsi pour la plupart des blés durs étrangers consommés en France.

L'Etat subit donc la perte du droit qu'il a cru devoir établir et que nous avons encaissé à sa place, non pour le garder, mais bien pour en faire bénéficier les étrangers vendeurs de blés et acheteurs de produits fabriqués à l'entrepôt, ainsi qu'il est facile de le démontrer ; en effet, la pièce de 1 franc que le vendeur d'acquit paraît encaisser est encaissée en réalité par le vendeur de blé à l'entrepôt et voici comment : Lorsque je suis allé à Marseille acheter des blés à la consommation, j'avais à mon choix : d'une part, des blés étrangers ayant le droit de 7 francs à payer à l'entrée ; d'autre part, des blés algériens ou tunisiens n'ayant pas de droit à payer.

Supposons que le blé étranger valait 12 francs, le blé algérien 18 francs ; si j'avais eu réellement 7 francs à débourser pour passer 100 kilos de blé étranger de l'entrepôt à la consommation, ce blé m'aurait coûté $12 + 7 = 19$; il m'eût donc été impossible d'acheter du blé étranger qui m'eût coûté 19 francs, alors que le blé algérien me coûtait seulement 18 francs, soit 1 franc de moins par 100 kilos. Mais si je sais à l'avance que je vendrai mon acquit 1 franc, c'est-à-dire que je n'aurai que 6 francs à débourser au lieu de 7 francs, mon blé étranger me coûtera à la consommation $12 + 6 = 18$, soit le même prix que le blé algérien ; je peux donc indistinctement acheter des blés étrangers ou algériens ; si je n'avais pas vendu mon acquit 1 franc, pour que je puisse acheter du blé étranger, il aurait fallu que le vendeur me le cédât à 11 francs, car $11 + 7 = 18$, soit le même prix que le blé algérien. Si donc j'ai sans perte pour moi la possibilité d'acheter des blés étrangers 12 francs, c'est par suite de la vente de mon acquit. C'est donc bien le vendeur de blés étrangers à l'entrepôt qui a bénéficié de ce 1 franc.

Voyons maintenant qui devait encaisser ce 1 franc. C'est certainement l'Etat, et il les perd, car ces blés algériens, délaissés par suite de la préférence accordée aux blés étrangers, seront bien obligés de se vendre en France, et les blés étrangers que j'ai introduits auraient pu ne pas entrer ; ils prennent en effet la place des blés algériens ou français ; ils devaient donc bien payer le droit d'entrée, puisqu'ils ne sont pas destinés à ressortir : ils sont consommés en France, et les produits ne peuvent et ne doivent pas servir à l'apuration des acquits et, malgré cela, par la vente de l'acquit, ces blés sont entrés, ont été consommés en France et n'ont pas payé de droits.

Nous demandons aux acheteurs d'acquits, oui ou non, l'Etat perd-il les 7 francs qu'il devait encaisser?

Quant aux 6 francs qui semblent encaissés par l'acheteur d'acquit, il ne les garde pas entièrement pour lui, car les acquits peuvent être apurés par la sortie de France de produits provenant, comme je l'explique ci-dessus, de cet excédent de production de semoule qui reste libre de caution entre les mains des semouliers, par suite des lacunes des règlements de douane régissant l'apuration des acquits-à-caution, ou par des produits de blé d'Algérie, alors qu'il y a différence de prix entre les blés algériens et le prix des blés durs étrangers à la consommation (cours actuels); c'est là d'ailleurs la seule cause qui permette aux semouliers marseillais, par exemple, d'employer des blés d'Algérie pour la fabrication des semoules destinées à l'exportation.

Dans tous les cas, ces 6 francs que l'Etat devait encaisser servent, soit à permettre aux semouliers marseillais de vendre à l'étranger cette semoule libre de caution, ce qu'ils ne pourraient pas faire sans cela; car, comment expliqueraient-ils que des blés durs étrangers, arrivant à Marseille par exemple, subissant tous les frais de débarquement, de transport dans les magasins des docks, droits d'entrée dans les docks, assurances dans les docks, sortie des docks, transport dans les usines à 12 ou 15 kilomètres du port, transport des produits fabriqués sur le port, bénéfices des différents intermédiaires, frais d'embarquement, coût du fret du port de Marseille au port de la puissance qui achète, débarquement de cette marchandise, frais d'intermédiaires, etc., etc., tous frais qui peuvent être estimés de 3 à 4 francs par 100 kilog. minimum.

Comment expliquerez-vous, dis-je, que cette marchandise puisse, s'il n'y avait pas quelque chose d'irrégulier, concurrencer au point de vue du prix de vente, celle fabriquée dans cette puissance où ces mêmes blés étrangers, qui ont servi à la fabrication, pouvaient arriver au même prix qu'à Marseille, souvent même à meilleur marché ? Si les acquits sont apurés par ces produits de blé d'Algérie, et c'est là, ainsi que je le dis plus haut, la raison qui permet aux semouliers marseillais d'employer des blés d'Algérie, MM. les semouliers marseillais partagent avec les vendeurs de blés d'Algérie l'argent que l'Etat devait encaisser.

Je tiens à faire remarquer ici que, d'après le système que je préconise, MM. les Algériens bénéficieront naturellement et complètement de la prime d'exportation, sans avoir à partager avec personne et sans donner lieu à la fraude. C'est d'ailleurs ce que j'ai longuement expliqué dans une lettre adressée à M. Bottazzo et publiée par plusieurs journaux.

Ce qui reste démontré d'une façon irréfutable, c'est que, sous le régime de l'admission temporaire, souvent l'Etat n'encaisse pas le droit qu'il devait encaisser et que généralement c'est l'étranger qui en bénéficie.

Tels sont, Messieurs, la situation et le projet que j'ai l'honneur de vous soumettre et qui, selon moi, semblent concilier tous les intérêts. J'entends tous les intérêts honnêtes. Nous devons donc, nous tous agriculteurs, semouliers et meuniers, je dirai même nous tous, Français, nous réunir pour en obtenir la réalisation auprès des Pouvoirs publics.

C'est le seul moyen, en tous points désintéressé, qui a pour unique but de rendre à la France le rang qu'elle occupait au point de vue du commerce d'exportation de farines parmi les puissances européennes, de procurer au pays le maximum de travail national, de faire trouver à l'agriculture un prix rémunérateur de ses blés ou tout au moins leur écoulement, en rendant la protection réelle en faisant augmenter le prix du blé français d'une somme égale au droit.

Enfin et avant tout l'Etat, gravement lésé par le régime actuel de l'admission temporaire, verra rentrer dans sa caisse des droits qu'il croit percevoir et qui, en réalité, sont perçus par l'étranger. Or, l'Etat c'est la nation, c'est nous tous Français qui sommes les victimes ; c'est à nous à faire valoir nos droits, en nous adressant à ceux en qui nous avons placé notre confiance, à ceux qui doivent sauvegarder nos intérêts et qui sauront, j'en ai la conviction, déjouer la fraude et faire prendre en considération nos légitimes revendications.

Car ce que nous demandons, c'est l'égalité en tout et pour tous.

E. COUDERT,

Secrétaire de la Chambre syndicale de la Meunerie du Puy-de-Dôme,

Membre du Syndicat agricole départemental.

Clermont-Ferrand. — Typographie et Lithographie Mont-Louis, rue Barbançon, 2.